T0400299

DEDICATORIA

A mis 4 hijos:

No teman, porque en verdad Dios ha hecho misericordia por amor a su Nombre.

los amo,
Mamá

Aixa

Te quiero para siempre: Un relato sobre David, Mefiboset y tu adopción en Cristo

Copyright © 2025 por Aixa de López.
Todos los derechos reservados. Derechos internacionales registrados.

B&H Publishing Group, Brentwood TN, 37027

Diseño de portada: Aixa de López

Clasificación: C362.734 | Clasifíquese: VIDA FUTURA \ ADOPCIÓN \ CIELO

Las citas bíblicas marcadas NTV se tomaron de la Santa Biblia, Nueva Traducción Viviente, © Tyndale House Foundation, 2010. Usado con permiso de Tyndale House Publishers, Inc., 351 Executive Dr., Carol Stream, IL 60188, Estados Unidos de América. Todos los derechos reservados.

ISBN: 978-1-0877-7939-3

Impreso en China

1 2 3 4 5 * 28 27 26 25

Un relato sobre David, Mefiboset y tu adopción en Cristo

Te quiero PARA SIEMPRE

Escrito e ilustrado por
Aixa de López

B&H
ESPAÑOL®
BRENTWOOD, TENNESSEE

Ari vio la foto en la refri, como tantas veces antes, pero por alguna razón, se quedó viéndola más detenidamente y luego preguntó: «Tía ¿dónde estaba Evy en esa foto?»

«En el hogar de niños, donde vivía antes de que la adoptáramos».

Entonces Ciara dijo pensativa:
«Yo no recuerdo cuando vino Evy,
sólo sé que siempre ha sido mi prima».

La tía sonrió y dijo:
«Sí, tú eras muy pequeña
y Ari ¡no había nacido!»

«Y ¿Por qué la adoptaron?» -dijo Ari con una mirada curiosa.

«¡No preguntes eso!» -dijo Ciara, corrigiéndola como suelen hacer las hermanas mayores.

¡me ENCANTA que preguntes!

Dijo la tía, quien amaba contar historias
y siempre tenía ideas divertidas.

«¡Vengan chicas!» les dijo, dirigiéndose a la sala familiar. «Traigan unas galletas que les contaré una historia.»

Tomando un par de títeres comenzó a narrar y las niñas comenzaron a imaginar:

¡Hola desde el palacio!
Me llamo Mefiboset y esta es mi casa.
Cada día que despierto y veo dónde
estoy, siento que estoy soñando.

¡Hay días en los que hasta
olvido que ahora vivo
aquí y me asusto un poco
cuando abro los ojos!
–Así pasa cuando te
acostumbras a una cosa
y luego todo cambia...–
¡hoy quiero decirte qué
fue lo que me pasó!

Todo comenzó antes que yo naciera,
cuando mi papá era un muchacho.

Él se llamaba Jonatán y también
vivía en el palacio, porque mi
abuelo Saúl era el rey de Israel.

Aunque es una larga historia, sólo te diré que mi abuelo Saúl era muy guapo (de allí lo saqué yo jajaja).

Tristemente, no era un hombre sabio, ni muy valiente, pero sobre todo, no hizo lo más importante que debería hacer un rey: obedecer a Dios.

Mi abuelo tenía su corazón lleno de miedo, porque sabía
que Dios había escogido otro rey para Israel,
alguien que tenía un corazón diferente:

lleno de amor para Dios,

de valentía para ser guerrero

y también para pedir perdón
¡un corazón lleno de música!

Ese otro se llamaba David.

Y... ¡ni sabes qué!
David era
el mejor amigo
de mi papá,
Jonatán.

A pesar de todo ese enredo, David y Jonatán se divertían juntos,

tenían aventuras en el campo, platicaban mucho y siempre se ayudaban.

Una vez, hicieron un pacto para nunca dejar de ser amigos y de cuidarse uno al otro para siempre...

Se prometieron que si uno de los dos moría, el otro cuidaría de su familia, porque en este reino lo más especial es tener una gran familia, no sólo por la felicidad de comer todos juntos y celebrar, sino porque es la mejor manera de cuidarnos en tiempos difíciles y recordar cómo es nuestro Dios:
feliz de salvar, fuerte, tierno y bueno.

Así protege a los pequeños y débiles.

Pasado un tiempo,
me pasó lo más triste de mi vida:
quedarme huérfano (eso quiere
decir que me quedé sin familia).

Murieron mi abuelo Saúl,
mi papá Jonatán y todos mis tíos.

Persiguieron a toda mi familia
y no quedó nadie... excepto yo.

En ese tiempo yo era muy chiquito
y me cuidaba una niñera.

Al salir huyendo y para protegerme,
ella me tomó en brazos,
pero se tropezó y me caí.

Así me lastimé y por eso no puedo caminar.

Yo no
recuerdo
nada, todo me
lo han contado...

A veces los momentos
más dolorosos no son los
cuadros que puedes
ver en tu mente, sino
las sensaciones
que tu cuerpo
recuerda.

Después de eso,
nos escondimos en la casa del buen Maquir.

Recuerdo sentir mucha tristeza, enojo y confusión.

Quizás nunca te haya pasado, pero cuando todo lo que amabas se va, sientes que eres como un perro callejero.

Fueron días que pude sentirme invisible.

Pero un día todo cambió.

Yo no tenía idea de cuánto me
querían y por eso me escondía.

No sabía que estaba a salvo
y por eso vivía con miedo
del nuevo rey, David.

Yo pensaba que si me encontraba,
iba a destruirme por el odio
que le tenía mi abuelo,

pero resulta que siempre
importó más el amor que
David nos tuvo a nosotros.

Un día entró Siba,
un mensajero
del rey David.

Yo sentí que mi
corazón palpitaba
y me puse a llorar.

Pensé ¡Me descubrieron, es mi fin!

Siba me aseguró que el rey
no iba a hacerme daño.

Cuando abrieron la puerta lo único que pude hacer fue esconder mi cara y llorar, pero oí su voz y por primera vez en mucho tiempo, oí mi nombre dicho con tanto amor, que levanté la mirada y cuando me vió, supe que estaba en un lugar seguro.

¡Soy muy dichoso por esa promesa entre mi papá, Jonatán, y su mejor amigo, David!

El rey me dijo:

«¡Estaba buscándote para traerte a casa Mefiboset!
Dios ha sido tan bueno conmigo y quiero
mostrarte esa misma misericordia.
No tienes que hacer nada,
no hay nada qué temer.
Decidí que eres nuestro y que todos los días
comerás conmigo ¡aquí es tu lugar!»

«Te amo porque amé a tu papá
y estoy cumpliéndole la promesa que le hice.»

«Esto es **para siempre** Mefiboset.»

Ahora vivo feliz aquí.

No por la ropa hecha a mi medida,
la habitación hermosa llena de
luz o la comida deliciosa.

mefiboset

Vivo feliz porque ahora sé que
el Amor me persiguió toda mi vida.

En medio del día más triste,
en medio de la caída que me dejó sin caminar,
de los años pensando que era un perro callejero...

Sé que el Amor me persiguió porque me mandó a buscar.

Poco a poco,
pasando tiempo con el rey,
puedo ver quién soy en realidad:

soy hijo amado
para siempre.

«¡Bravo!» Exclamaron las niñas.

«¡No sabía de Mesifobet!»
Dijo Ari.

«¡MEFIBOSET!»
La corrigió Ciara.

Y todas soltaron
una carcajada.

«¿Ven chicas?» -dijo la tía.
«Dios coloca a los solitarios en
familia y los que le seguimos
somos parte de cómo Él lo hace,
por eso nosotros adoptamos a Evy.
Ella necesitaba una familia.»

En ese momento Evy abrió la puerta con su uniforme de futbol sucio y su pelota bajo el brazo, sus primas corrieron hacia ella y la abrazaron mucho más que antes.

¡Te queremos para siempre Evy!

Ella sonrió y las abrazó de regreso.

«Dios prepara un hogar para los solitarios;
conduce a los cautivos a prosperidad; . . . »

Salmo 68:6

Tu Lugar

¿SABÍAS que
JESÚS ESTÁ en
Esta historia?

→

Nota para los padres

Este bello relato hallado en 1 Samuel 20 y 2 Samuel 9 apunta a nuestra propia historia de adopción en Cristo, la cual tomó efecto por su sacrificio en la cruz del calvario y su resurrección. Toda la Biblia trata en realidad de cómo Dios hace hijos a quienes no podíamos llegar a Él por nuestra propia voluntad.

Lee el capítulo 2 de Efesios.

1. ¿Qué similitudes ves entre la historia de Mefiboset y este pasaje?

2. ¿Cómo te pareces a Mefiboset?

3. ¿Cómo ves que el rey David refleja el carácter del Dios Padre?

Algunos datos importantes:

- La frase «misericordia de Dios por amor a Jonatán» se repite varias veces en 2 Samuel 9, indicando la importancia del pacto entre David y Jonatán y lo determinante que fue para el destino de Mefiboset.

- En realidad, Mefiboset llega a este encuentro con David siendo ya un adulto, con su propia familia.

- Siba, el siervo del rey, y toda su familia, son asignados para trabajar las tierras que habían sido de Saúl y que ahora eran devueltas a Mefiboset.

Así como Mefiboset, nosotros tampoco podemos entrar a la presencia del Rey del universo porque la caída (desde Adán y Eva) nos impide correr a Él y porque nacemos con corazones pecaminosos que naturalmente desean reinar sin Él. Pero, así como Mefiboset recibió la bendición, protección y cuidados del rey David sin merecerlo, únicamente por la promesa hecha entre David y Jonatán, nosotros recibimos el regalo de la identidad como hijos de Dios Padre, por la promesa hecha y cumplida a través de Jesucristo.